RUNAS.
El oráculo de las piedras sabias

Mery Meyer

RUNAS.
El oráculo de las piedras sabias

GÓMEZ EDITOR
(Colecciones BASTET)

© Gómez Editor (colecciones Bastet), septiembre 2008
© Colección 'El baúl de los Secretos'
© Mery Meyer (María Gemma Esteban)

Edita: Gómez Editor (colecciones Bastet),
Ronda San Antonio 39, 3ª planta (*Edificio Moritz*)
08011 Barcelona-España
info@editorialbastet.com
Diseño portada ©: Elisabet Gómez
Foto portada: © Erin Wukitsch | Dreamstime.com (ID 55486776)
Maquetación: ELIGGRAF

Queda rigurosamente prohibida, sin la autorización escrita de los titulares del "Copyright" bajo las sanciones establecidas en las leyes, la reproducción total o parcial de esta obra, incluyendo los iconos, por cualquier medio o procedimiento, comprendidos la reprografía y el tratamiento informático.

PRÓLOGO

Desde la más remota antigüedad el ser humano ha sentido la necesidad perentoria de conocer qué le aguarda en el futuro, así como saber qué sucede en el presente a otras personas cercanas.

No existe una sola cultura desde la más remota prehistoria que, no haya tenido a su servicio algún tipo de sistema adivinatorio. Así tenemos que, la adivinación por las entrañas de los animales, como hacían los romanos, por el vuelo de los pájaros, en lo que eran unos expertos los pueblos griegos, o la geomancia, principalmente practicada por muchas culturas centroeuropeas, han sido una constante en el ser humano desde hace milenios.

Se supone que el conocimiento de las runas se remonta a los primeros pueblos germánicos, hacia el 1200 antes de nuestra era, siendo "heredadas" siglos más tarde por los celtas y mil años después por los belicosos wikingos, los cuales tenían mujeres especializadas y dedicadas exclusivamente a tirar las runas para conocer qué les aguardaba en sus batallas, conquistas, pactos, o partidas de caza y pesca.

Las runas tienen que ser preferentemente elaboradas con *codols* o piedras de río, y NUNCA en barro, material que era considerado por los antiguos pueblos celtas y germánicos como innoble, y útil solamente para la construcción de viviendas y utensilios de cocina o uso diario.

Las runas llegaron a tierras hispanas en el siglo V con las invasiones de los pueblos germánicos, y es principalmente desde mediados del siglo XX cuándo recobraron de nuevo la utilidad entre hombres, y principalmente mujeres, que deseaban conocer el futuro, o incluso el pasado de alguna persona.

En este libro que usted tiene en sus manos encontrará, de una forma sencilla y práctica a la vez, cómo conocer el significado de las runas, y con ello ayudarse y ayudar a los demás en los mil problemas que día a día el Destino pone frente a nosotros.

La autora

¿Cómo utilizar el oráculo rúnico?

Antes de empezar hemos de tener claro que, a la hora de consultar las runas, debemos tener bien presentes dos consideraciones:

Primero: Saber exactamente qué es lo que deseamos saber, o lo que es lo mismo, cuál es la pregunta que vamos a realizar.

Segundo: Hacer la pregunta deseada, de una forma clara, sencilla y concisa, como por ejemplo: ¿Este trabajo que voy a empezar será positivo y duradero? o ¿este hombres (o mujer) es idóneo para mí, y me hará feliz?

Son estos, dos meros ejemplos de cómo deben de hacerse las preguntas. Sin alargamientos innecesarios, ya que además tenemos la oportunidad de preguntar tantas veces como queramos a nuestro oráculo rúnico, pero NUNCA repitiendo la misma pregunta el mismo día.

Es interesante mantener las runas metidas en una bolsa, mejor negra y de ante o tela, y extraer la runa a consultar con la mano derecha, mientras sujetamos el saquito o bolsa con la izquierda.

Cuando se haya escogido con la mano la runa

concreta, deberemos dejarla caer suavemente sobre una mesa (como si se tratara de un dado), preferentemente sobre un mantel o esterilla, y veremos que puede quedar de formas distintas.

En estas páginas que vienen a continuación se explica fácilmente cómo interpretarlas, dependiendo si caen boca arriba (anverso), o abajo (reverso).

Dependiendo del símbolo, veremos que pueden tener sólo anverso y reverso, o bien en otros casos anverso derecho, anverso invertido, reverso derecho, reverso invertido.

Léase bien el significado de cada símbolo a la hora de consultar este oráculo. Tenga a manos este libro a la hora de consultar las runas.

Aunque las runas se pueden consultar en cualquier momento, el tiempo más idóneo para ello es la noche y principalmente las de luna llena.

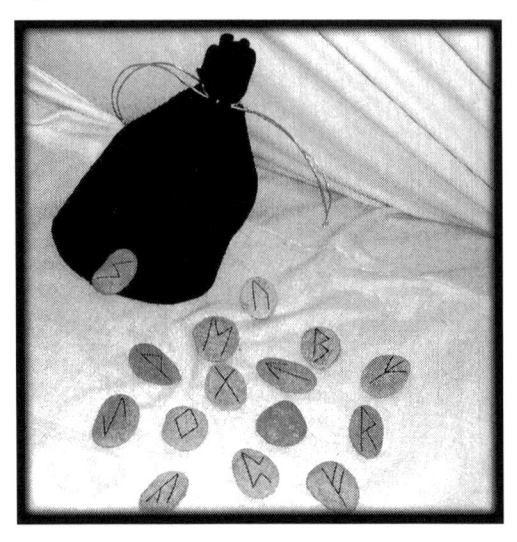

INTERPRETACIÓN de los SÍMBOLOS RÚNICOS

Naud

Nos encontramos delante, nuevamente, de una runa "homos", es decir, que sólo tiene dos significados.

Su forma muy similar a una cruz, dice mucho sobre si misma, y por lo general, esta runa conlleva la carga y el peso de una cruz. Cuando sale esta runa en el oráculo, es inevitable pensar en la crucificación de Jesucristo y en su sufrimiento.

Anverso:

Como acabamos de decir, la similitud de este símbolo con una cruz significa sacrificio y esfuerzo. Sólo trabajando con nuestro espíritu y llenos de coraje, los elementos fallarán a nuestro favor; de lo contrario, estaremos siempre obligados a llevar el peso de la cruz encima.

Recuerde que los problemas nos sirven siempre para aprender, independientemente de las consecuencias negativas que conlleven. Sea prudente y no caiga dos veces en un mismo error.

Es hora de afrontar nuestros miedos y nuestras limitaciones. La negatividad debe quedar a un lado y debemos dar paso al positivismo fundado en nuestros propios esfuerzos e ilusiones.

Reverso:

Esta runa, cuando aparece boca abajo, aporta un toque de amargura a nuestras vidas. Nos habla de miedos, desengaños, falsedades, falsas amistades y traición.

Es hora de privarnos de la buena vida; dejemos a un lado lujos y caprichos, ya que la época en la que entramos no será de lo más productiva, y hará falta ahorrar.

Haga uso de la modestia, ya que esos aires de superioridad que viene teniendo últimamente no benefician a nadie (tan siquiera a usted).

Recuerde que preguntar es de sabios y que, pedir ayuda cuando sea necesario, no le convierte en un perdedor.

Debería tratar de estar más pendiente de sus amigos y, sobre todo, de su familia, de los que viven con usted y, al mismo tiempo, ríen, lloran y comparten su vida. El cariño, el amor y el calor de una familia, de un hogar, nos ayuda a menudo a sacar las situaciones más complicadas hacia delante.

Si usted continua como hasta ahora, corre el peligro de quedarse solo, y pocas cosas hay más temidas que la soledad.

Feoh

Anverso derecho:

Augura la entrada de una época de buena suerte y fortuna que, en el caso de las mujeres, posiblemente se traslade también a una época de fertilidad. En esta nueva etapa, se recomienda hacer movimientos económicos emprendedores, así como inversiones, aprovechando la buena etapa que se anuncia.

Anverso invertido:

Mal período. Se augura una época marcada por la mala suerte. Dicha etapa puede llevar a que se tengan problemas con la familia y los amigos si no se cuidan nuestras relaciones, que en esta etapa serán más débiles. El campo de las relaciones va a empeorar más allá de la familia y los amigos. Debemos alejarnos de toda aquella gente que muestre (sin conocerla) un gran interés por acercarse a nosotros, ya que podrían querer dominar nuestra voluntad.

En el ámbito económico, si no se vigilan las inversiones hay la posibilidad de sufrir una pérdida muy importante de dinero de la que puede costar mucho recuperarse (incluso no lograrlo nunca).

Reverso derecho:
Estamos sufriendo una época de cambios y mutaciones interiores. Por este motivo, es importante que tengamos en cuenta aquellos secretos y fuerzas internos que nos puedan afectar de alguna u otra manera. Si no vigilamos lo suficiente estos aspectos, acabaremos convirtiéndonos en una persona que no queremos ser, y volver a cambiar después será difícil. No debemos dejarnos llevar por los impulsos, y es necesario pensar y actuar con inteligencia humana antes de decidir cualquier cosa.

Reverso invertido:
Alguna persona conocida está realizando algún tipo de trabajo ritual para hacernos mal y perjudicarnos y esto nos conduce a una etapa poco beneficiosa. Deberemos pensar bien todo lo que hagamos, ya que no contamos con la suerte de nuestro lado. Es aconsejable que dejemos pasar unas cuantas semanas antes de iniciar cualquier tipo de proyecto económico, así como viajes o relaciones sentimentales.

Ur

Anverso derecho:

Abundancia material y espiritual. Nos acercamos a una etapa de bienestar, plenitud y riqueza, factores que ya nos quedaban lejanos.. La tranquilidad que nos dará este período tiene que llevarnos a dedicar más tiempo a pensar sobre quiénes somos (como personas) y cuál está siendo nuestro papel en el mundo. El pensar en lo que hemos hecho durante la vida nos debe llevar a sacar conclusiones que mejoren aun más nuestro entorno.

En algunos casos, esta runa también puede indicar que estamos siendo dominados por individuos que desean poseernos, por lo que deberemos vigilar nuestras amistades y personas nuevas que vayamos conociendo.

Anverso invertido:

Este símbolo rúnico en esta posición nos está indicando que la crueldad gira entorno a nosotros.

Puede provenir de uno mismo, por el mal carácter y la irritación que nos produce cierta gente y circunstancias no deseadas. Aun así, debemos hacer un esfuerzo extra para controlarla.

Esta crueldad se traduce también en una necesidad de dominio que debemos superar. En ocasiones necesitamos (o creemos necesitar) controlarlo todo para que nada salga mal, y esa es una mala actuación que, muy a menudo, proviene de algún tipo de trauma del pasado.

En ocasiones, esta runa también nos indica un fuerte cambio en nuestra vida, un punto y a parte en una etapa que da inicio a otra total y radicalmente diferente. Vigile estos posibles cambios.

Reverso derecho:

Un conjunto de fuerzas invisibles nos rodean. Esta runa en esta posición indica que detrás de nosotros se encuentran fuerzas invisibles negativas, que pueden llegar a sernos altamente perjudiciales. Debemos ser fuertes y rodearnos de la familia más cercana y los amigos más allegados, porque sólo el calor de nuestros seres más queridos nos puede ayudar a superar esta etapa.

Dentro de esta etapa negativa a la que estamos a punto de enfrentarnos, pasaremos por una situación especialmente difícil que servirá de examen a nuestra personalidad. Se recomienda paciencia y prudencia en las decisiones.

Es un buen momento para pedir perdón a aquella gente que hayamos hecho daño u ofendido, ya que la vamos a necesitar.

Reverso invertido:

Esta runa en esta posición nos advierte de la llegada de una enfermedad grave. Cuídese y mantenga constantes revisiones con el médico, para prevenir.

Al mismo tiempo, este símbolo nos indica un bloqueo mental fuerte, causado posiblemente por una mala época, o por algunas decepciones. Trate de ser más positivo, relájese y busque apoyo en su familia.

Thorn

Anverso derecho:

Es un buen momento para realizar aquella inversión económica que hace tiempo tenemos en mente. Asimismo, también es una etapa positiva para cambiar de trabajo si creemos que es oportuno.

Nos espera próximamente un viaje de placer, largo y relajante, que desde hace mucho tiempo estábamos esperando.

Vamos a entrar en una etapa positiva, alejémonos de los malos pensamientos y temores y disfrutamos de lo que la suerte nos propicia.

Anverso invertido:

Esta posición de la runa denota falta de concentración e inestabilidad en nuestra persona, factores que no nos ayudan en nada para caminar por la vida.

Nos encontramos en un estado cercano ya a la obsesión que debemos combatir lo antes posibles para no sufrir las graves consecuencias que puede provocar.

Todos estos factores negativos se verán agravados por una mala noticia que nos será comunicada en breve. Debemos ir haciéndonos a la idea y, aunque nos duela, recapacitar y pensar sobre el por qué de lo que ha pasado.

Reverso derecho:

Alguna de sus amistades está intentando meterle en un lío. Es una persona muy cercana a nosotros y de la que difícilmente sospecharía. Por ello, a la hora de tomar decisiones no confiaremos en nadie de quien no tengamos totalmente probada su confianza.

En los próximos meses no emprenderemos proyectos de tipo laboral o empresarial, ya que las fuerzas positivas no le favorecen. Espere mejores tiempos para hacer cosas nuevas y conocer gente.

Reverso invertido:

Una mentira de boca de una persona muy próxima a nosotros puede traernos problemas, así que no nos fiaremos de nada que no podamos comprobar por nosotros mismos.

No tome decisiones radicales y, a la hora de escoger, tenga en cuenta la opinión de sus seres queridos.

Se acercan días de nervios y confusión, y ambas cosas no son buena compañía. Trate de tomarse las cosas con la mayor calma posible, y no dejarse llevar por los malos momentos. Sea valiente y confíe en sus propias fuerzas, así superará sus problemas y a sus posibles enemigos.

Os

Anverso derecho:

Las fuerzas positivas están ahora de su favor, y es algo que debe aprovecharse. El poder y la fuerza que vamos a ir consiguiendo en los próximos días pueden aparecer en forma personal o a través de una sensación de plenitud que nos impulsará a sacar para adelante cualquier proyecto.

Esta runa le aconseja que escuche las opiniones de los que son más mayores y más sabios que usted, y que con su sabiduría le ayudarán a evitar posibles errores. Escuchando mejorará también su desarrollo espiritual.

Debemos usar el sentido común por encima de todo (además de escuchar los consejos de nuestros superiores). Entramos en una etapa donde las fuerzas positivas nos sonríen, y por ello debemos ser limpios de corazón y seguir por el buen camino.

Anverso invertido:

Diversas calamidades se acercan a nosotros. La mayoría de ellas provienen de problemas que hemos causado nosotros mismos o por miedos que no superamos en su momento y que ahora se vuelven contra nuestra persona.

En la etapa en la que entramos podemos sufrir depresión, pérdida de ingresos o de una persona amada.

Reverso derecho:

Nuestra fuerza de voluntad traspasará fronteras y explorará nuevos caminos. Por ello, esta runa le aconseje que supere todos sus miedos y se enfrente a los peligros, ya que los resultados acabarán siendo positivos.

No tenga miedo del mañana, ya que próximamente tomará decisiones que tendrán una gran repercusión en sus bienes.

No realice viajes si no están muy bien preparados, ya que las decepciones en este ámbito están al orden del día. Espere tiempos mejores para realizar escapadas improvisadas.

Reverso invertido:

Decisiones erróneas pueden llevarnos a malas consecuencias si no vigilamos el rumbo que tomamos. No debemos confundir el pasado con el presente ni el futuro, y debemos recordar que no siempre están relacionados. Lo que ayer nos fue bueno hoy no tiene por qué serlo. Debemos recordar que los cambios no tienen que darnos miedo y que, si se meditan con cuidado, pueden resultar muy positivos.

Rad

Anverso derecho:

Todos sufrimos altos y bajos, mejores y peores tiempos, y casi nadie consigue nada sin un sacrificio a cambio. Es momento ahora de hacer un sobreesfuerzo para conseguir posteriormente aquello que tanto deseamos.

Recordemos también de la importancia de dar si luego queremos recibir. Deberíamos prestarle especial atención a alguien cercano que reclama nuestra ayuda y no nos estamos dando cuenta.

Siempre debemos dar algo que tenga mucho valor para nosotros para más tarde recibir otra cosa más deseada.

Anverso invertido:

Esta posición de esta runa nos indica que la maldad está próxima y viene acompañada de la injusticia y la crueldad, una mala combinación.

Este símbolo así colocado se opone a la felicidad y al amor y trae malos augurios. Debemos ir con cuidado con todo lo que hay a nuestro alrededor, ya que esta runa es una advertencia.

Nuestro trabajo puede verse en peligro. También nos indica el momento de pagar las injusticias que hemos cometido a lo largo de nuestra vida.

Reverso derecho:

Ha llegado el momento de superarnos a nosotros mismos y a nuestros miedos. Esta runa nos recomienda que dediquemos más tiempo a ayudar a los demás y a perder, así, esa tendencia egoísta que tan a menudo nos rodea. Asimismo, no queramos el mal para nadie, sino nos será devuelto cinco veces peor que lo deseado.

Utilicemos la imaginación y la astucia para hacer cumplir nuestros propósitos. A veces en nuestra propia sombra se encuentra el camino hacia la superación.

Reverso invertido:

¡Cuidado! Alguien nos está preparando una trampa que anulará todas nuestras creencias y la fe en las personas. La familia será la mejor consejera a la hora de indicarnos qué camino seguir para no caer en el engaño.

Buen momento para fiarse de nuestras intuiciones, recordando que la intuición a veces llega donde no llega la razón humana.

Tratemos de potenciar la confianza en nosotros mismos, que nos ayudará a salir hacia delante. Sólo así conseguiremos ser lo que aspiramos a ser en esta vida.

Ken

Anverso derecho:

La timidez está influyendo demasiado en nuestra vida y nos está causando incertidumbre. Hay que poner remedio a este doble factor. Tenemos talento suficiente como para ser valientes y dejar a un lado ese complejo que nos hace ser tímidos. Adelante.

Anverso invertido:

El entusiasmo y la alegría nos desbordarán. Esta posición de Ken nos indica un periodo entrante de fortuna y satisfacción. Así lo indican los símbolos astrales que nos indican que, ahora sí, es el buen momento para tirar hacia delante proyectos y aventuras que hasta ahora no habíamos osado llevarlos a cabo.

Esta etapa de fortuna se verá momentáneamente interrumpida por un tropiezo en nuestra vida que va a realizarse en breve pero que no debe preocuparnos, ya que lo superaremos sin mucho esfuerzo.

Reverso derecho:

Mal presagio. Destrucción y maldad. Posiblemente se trate de una pérdida o bajada de rango laboral.

Nuestra desgracia vendrá precedida de una pequeña alegría, que rápido desaparecerá.

El egoísmo debe quedar aparcado, ya que ahora necesitaremos a nuestros seres más allegados a nuestro lado. Intentemos pensar más en los otros, aun cuando parece que no necesitan atención.

Un exceso de ego puede perjudicarnos y no nos dejar avanzar. Nos hace falta una mayor fuerza de voluntad, de lo contrario nunca vamos a salir para adelante.

Reverso invertido:

Esta posición de esta runa desvela una falta de voluntad bastante grande, y de todos es sabido que sin fuerza de voluntad no se llega muy lejos. Está falta de voluntad puede venir dada, muy posiblemente, por una falta de autoestima y de seguridad en nosotros mismos. Debemos superarlo, ya que lo único que provoca es tropiezos en el día a día.

No es una buena época para ir haciendo grandes gastos, sobre todo si son innecesarios o prescindibles. Debemos pensar más en el futuro y en lo necesario que puede ser este dinero que hoy estamos malgastando.

Mucha atención con las amistades peligrosas, que suelen llevarnos por mal camino y, con el tiempo, podemos cometer errores que nos harán sentir culpables.

Algo que sucederá en los próximos días le hará conocer a su propio "yo" y responder a muchas preguntas que llevaba planteándose durante mucho tiempo.

Gyfu

Gyfu es uno de los símbolos rúnicos de tipo "homos", es decir, que sólo tienen dos interpretaciones (no cuatro, como el resto), ya que su peculiar forma las hace iguales derechas que invertidas.

Cuenta la tradición que todas las runas de tipo "homos" son símbolos lunares que comparten ciertas similitudes con el Ying-Yang de las filosofías orientales.

Gyfu es un símbolo muy significativo que recibe su nombre de divinidades indoeuropeas que se adoraban hace 4.000 años en la Galia y Germania. En la magia celta se recomienda llevar una runa con este símbolo como amuleto y, de hecho, aun hoy son muchas las personas que llevan este símbolo colgando del cuello con una cuerda o bien dentro del bolso en una pequeña funda de ante. Gyfu les da poder.

Anverso:

En esta posición, Gyfu representa un gran número de cosas buenas: la amistad, la hospitalidad, el bienestar y la celebración. Implica, además, generosidad y grandeza de nuestro espíritu y es un símbolo que abre la puerta al éxito. Aproveche el momento para vivir lo que siempre ha deseado y emprender nuevas y emocionantes aventuras.

Unos temas que quedaron aparcados y que nunca supo de ellos, cansado de esperar, volverán a usted en forma de muy buen augurio y representarán una muy buena noticia. Deberá, al mismo tiempo, tomar una decisión, pero tendrá muy claro el camino en todo momento.

Si no tiene pareja, Gyfu señala un romance a punto de llegar. Preocúpese en conocer a la persona con calma, a fondo pero sin prisas, ya que pudiera ser el amor de su vida. No lo deje escapar.

En la nueva etapa de prosperidad que está a punto de empezar sus enemigos le envidiarán por su suerte y sus buenos augurios. Aun así, no trate de dar envidia a nadie expresamente, los envidiosos ya sufrirán por ellos mismos.

Reverso:

En esta posición, Gyfu se convierte en una mala runa, un mal símbolo. La indiferencia nos ha vencido y hemos perdido las ganas de ganar. Gyfu indica saciedad, cansancio, desinterés y estancamiento personal.

Una mala etapa está a punto de empezar a nuestro alrededor. Puede perder mucho de lo que usted tiene (tanto a nivel personal como material) si no va con sumo cuidado. Pero, aunque el futuro venga bastante negro, no debe rendirse. En los próximos meses deberá superar una dura prueba y, en principio, allí terminará su mala racha. Busque apoyo en familia y amigos más cercanos, en quienes siempre nos arropan. Sincérese con ellos.

Ante todo, cuide sus ideas y no las cambie por nada en el mundo, aunque haya gente que trate de aprovecharse de su situación para sacar beneficio.

La próxima luna llena alterará sus ánimos y sus nervios, pero debe aprender a controlarse, de lo contrario podría acabar cayendo en una depresión.

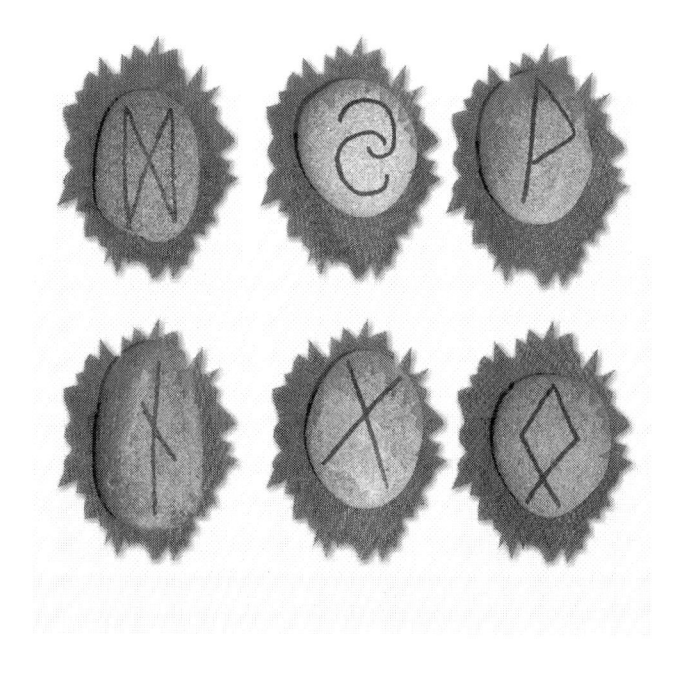

Wynn

Anverso derecho:

Wynn es una de las runas más mágicas de todas. Es un símbolo que le asegura casi todos los factores que los humanos buscamos en esta vida: felicidad, amor, salud y dinero.

Ahora que las cosas van bien, seguro que tendrá más tiempo aun para dedicarle a sus amigos. No a todo el mundo le van las cosas viento en popa, y hay quien necesita de nuestra ayuda pero, por miedo o vergüenza, no lo pide.

En breve pasará una dura prueba. Siga para adelante con sus ideales y, sobre todo, con su moral.

Anverso invertido:

En esta posición, Wynn no es un buen símbolo. Un problema que se avecina complicará nuestros nervios, paciencia y, con ello, nuestra salud mental. Se recomienda prudencia y meditar mucho antes de tomar cualquier decisión precipitada.

Este problema derivará de un altercado con una persona cercana y querida, y hará que nuestros ideales se vean desmoronados por momentos, ya que dudaremos de factores como la amistad.

Reverso derecho:

Esta es la posición rúnica del sexo, del disfrute por lo material, por los sentidos. Los antiguos creían que esta runa en esta posición ofrecía todos los placeres y goces que nos puede dar el sexo.

Reverso invertido:

Una de sus amistades más próximas está a punto de tenderle una trampa ¡Tenga cuidado! El dolor no será sólo por las consecuencias, sino por el hecho de verse traicionado por una amistad.

Cuide su dinero y no haga inversiones arriesgadas. Cuidado con los abusos de confianza, que pronto harán que tenga un enfrentamiento con alguien poco deseado.

Esté en guardia ya que el peligro le acecha por diversas bandas.

Hoel

Hoel es otra runa de tipo "homo" (de tan sólo dos interpretaciones, debido a su forma). Este símbolo está relacionado con el dios del embuste, Mijaik, que pese a ser el dios del engaño era el más listo de todos.

Esta runa es una de las más usadas por magos y sacerdotes, así que se recomienda hacerlo caso en lo que la tirada nos indique.

El peligro de este símbolo viene, en gran parte, de su vinculación con el fuego.

Anverso:

Sólo el esfuerzo y la lucha del día a día, progresiva, nos lleva a alcanzar nuestras metas, y usted lo sabe. Siga así.

En breves semanas se encontrará con una pugna con alguien cercano y bastante querido. En un principio, le parecerá que el mundo se cae a trozos por esta discusión pero poco tardará en darse cuenta que la victoria es suya y que todo este asunto le hará más fuerte.

Apártese de todo aquello que le parezca mediocre y dé la espalda a lo que sea poco importante para usted. Durante un tiempo, tienda a mirar sólo por su círculo más cercano (usted y su familia más allegada), pues ya vendrán mejores tiempos para preocuparse por los demás.

No tema a hacer esfuerzos, porque siempre tienen su recompensa. Aproveche para disfrutar de la vida.

Reverso:

¡Cuidado! Esta runa en esta posición indica fracaso y pérdida. Si no cambia el rumbo y la manera de hacer las cosas los problemas profesionales estarán al orden del día. Sea prudente.

Deberá llevar a cabo una larga y dura lucha para seguir hacia delante, sin hundirse. En dicha batalla, aunque luche con cabeza y corazón, no se deje pisar ni humillar por nadie. Busque la confianza y la fuerza que necesita en su familia, sin olvidar que también ellos le necesitan a usted.

Ysa

Tercera runa "homo" que encontramos en este libro. Como las dos anteriores, también tiene sólo dos interpretaciones. En el caso de Ysa, su peligrosidad es menor que la de Hoel ya que Ysa es un símbolo de tierra.

Ysa recorre montañas, valles, lagos y ríos, nunca para de viajar. Precisamente por su afán viajero es un símbolo de los valientes, de los que arriesgan y se mueven de un sitio a otro sin parar nunca.

Son muchas las personas que, aun a día de hoy, la llevan encima como amuleto rúnico, colgada en el cuello o en una bolsita de ante en el bolso.

Anverso:

Como ya hemos dicho, Ysa es la runa viajera. Su aparición (en esta posición) en una tirada rúnica nos indica que un viaje está a punto de llegar.

Ysa también indica que nuestras enemistades van en aumento ¡Cuidado! Porque podrían perjudicarle, sobre todo porque algunos de nuestros amigos más cercanos pueden estar convirtiéndose en enemigos por factores como la envidia.

Se dice que este símbolo, que tiene la forma de una línea totalmente recta, intenta indicarnos que nunca debemos perder el camino (correcto) que seguimos en nuestras vidas.

Reverso:

En esta posición, Ysa es un símbolo justiciero. Es la hora de pagar por algunas injusticias que cometimos en el pasado. Los remordimientos y el arrepentimiento no valen para mucho si no se intenta arreglar el mal hecho. Si es posible, hágalo.

Ysa nos recuerda que para tener buenos amigos, primero es necesario serlo uno mismo. No podemos pretender que nuestros allegados nos apoyen si, cuando nos han necesitado, no hemos estado allí.

Poerdh

Anverso derecho:

Desgracia, ruina, caos.

Poerdh advierte para que no olvidemos que el mal está siempre aquí, presente, y que la muerte puede llegarnos en cualquier momento.

Antiguamente, los germanos creían que la muerte siempre estaba cerca de ellos y que, por dicho motivo, era su consejera, su guía, y les indicaba qué cosas eran importantes y qué cosas no. Debemos aprender a separar, al igual que hacían los germanos, las cosas importantes de las insignificantes para ser más felices.

Poerdh nos indica que no sólo debemos tener claro qué cosas son importantes, sino saber también escoger por qué cosas y causas se lucha y por cuáles no se tiene que luchar.

Anverso invertido:

Crisis moral, depresión y caos. No siempre podemos controlar nuestro entorno (tan siquiera el más próximo) y, en ocasiones, nos encontramos más preocupados por el hecho de no poder hacerlo que por el problema en sí. Este desajuste entre el querer y el poder (concretamente entre el querer y el "no poder") afecta profundamente en nuestra vida y nos desestabiliza.

Las cosas, como hemos dicho, son como son y no siempre pueden cambiarse. En ocasiones hay que resignarse al destino y encajarlo de la mejor manera posible. No queramos lo imposible, es mejor abandonar a tiempo y empezar de cero que esperar a que sea demasiado tarde.

Reverso derecho:

Poerdh en esta posición indica crisis, entendida como un momento de falta de bienes, pero también como un momento de juicios.

Quizás sea el momento de tomar una decisión importante, pero debemos tener cuidado, ya que puede marcar nuestras vidas para siempre. Son muchas opciones a seguir pero, normalmente, no más de una es la buena.

Reverso invertido:

Época de falta, de decadencia, de escasez y ausencia. A menudo suele indicar la pérdida de un ser querido; en otras ocasiones, Poerdh en esta posición augura una pérdida económica de la que difícilmente nos podremos recuperar.

Ger

Por cuarta vez, volvemos a encontrarnos con una runa de tipo "homos", es decir, de tan sólo dos interpretaciones.

Algunas antiguas tribus conocían este símbolo como "el trono del Rey", debido a su forma, semejante al de la butaca de un monarca.

Es una de las runas más antiguas de todas y es un elemento de aire.

Anverso:

Los esfuerzos de muchos años (en algunas ocasiones de toda una vida) darán ahora sus frutos y es momento de recogerlo. Es tiempo de cosecha.

Si tiene dinero ahorrado, o bien invertido en algún sitio, Ger le indica que es momento de cambiarlo de lugar para aumentar sus beneficios.

La salud suya y de su familia será buena, a penas algún simple resfriado; aun así, siempre es recomendable cuidarse.

Ger indica una época muy fértil, buenos tiempos, dinero, fortuna y riqueza, en todo en general. Arriésguese a invertir, a conocer gente nueva, a buscar pareja o a cambiar de aires si lo que tiene actualmente no es con lo que sueña todos los días.

Aléjese de toda aquella gente que no le aporte nada. El mundo está lleno de personas que lo único que pretenden es aprovecharse de usted, sobre todo en esta época de esplendor que va a vivir.

Reverso:

La prosperidad se ha acabado y ahora empieza una época de decadencia y sequía.

La salud andará en usted algo débil durante un pequeño periodo de tiempo, pero si se cuida y sigue los consejos médicos lo superará sin mayor preocupación.

Aproveche para ahorrar mientras pueda, ya que en breve llegarán gastos imprevistos. Especial cuidado en el ámbito laboral, pues alguno de sus compañeros puede estar planeando traicionarle. Esté atento pero sin parecer paranoico.

Próximamente necesitará el apoyo de su familia más que nunca, ya que deberá cargar con un problema muy pesado. El calor y los consejos del hogar lo ayudarán a superarlo.

Ni se le ocurra invertir grandes cantidades de dinero en los juegos de azar, pues saldría altamente perjudicado. Tampoco es momento de hacer inversiones de tipo ninguno, espere a que apacigüe la tormenta.

Se le recomienda paciencia en los próximos meses ya que, en general, serán de vacas flacas y de mala suerte. No deje nunca de ser usted mismo.

Eoh

Nuevamente nos encontramos frente a un símbolo de tipo "homo" y, además, esta vez, al igual que pasa con Ger, Eoh también en un símbolo vinculado al aire.

Es una runa muy poderosa, pese a lo poco representativa que era. En la Antigüedad se creía que llegaba a perjudicar a quienes no le adoraban, provocándoles grandes pérdidas e, incluso, arruinándoles la vida.

Como hemos dicho, Eoh es una runa poco representativa. Se conoce que en algunos casos, se cambiaba por la runa Brik, muy parecida a nuestra actual "S" mayúscula.

Muchos miembros de las tribus antiguas llevaban el símbolo de Eoh grabado en la punta de su daga, con la que posteriormente se mataba y se realizaban sacrificios.

Anverso:

La inocencia de un niño nos puede ayudar a superar la época en la que entramos. Parémonos a pensar

¿qué tiene un niño que los adultos ya no conservamos? Secretos, creencias en lo imposible, ingenuidad y una fuerza vital indescriptible. Así que retrocedamos en el tiempo y seamos niños por unos días, con la pureza infantil propia sólo de los más pequeños.

Un pensamiento infantil nos ayudará a entender mejor lo que nos rodea, lo que pasa, que desgraciadamente muchas veces es incomprensible.

Debemos tener muy presente cuánto y para qué valemos. Ni se subestime ni se infravalore. Todos tenemos nuestros límites pero podemos hacer esfuerzos para valer mucho más de lo que la gente cree.

Reverso:

Una mala runa. Nos muestra algunas de las peores cualidades humanas: la soberbia, la prepotencia, la desfachatez y la ignorancia.

Nos estamos engañando en algún aspecto de nuestra vida, y hay que solucionarlo, pues hay pocas cosas peores que engañarse a uno mismo.

Debemos cargarnos de valor y dejar la hipocresía a un lado, ser adultos y olvidarnos del pasado. Debemos olvidar el olvido, pues vale cien veces más el presente que todo aquello vivido.

Sería un buen momento para emprender una inversión que ya hace tiempo que soñamos, como por ejemplo montar nuestro propio negocio.

La soberbia debe quedarse fuera, muy alejada, de nuestras vidas, ya que es una de las peores consejeras.

Eohl

Anverso derecho:

De nombre muy parecido al anterior símbolo rúnico, esta runa en esta posición nos indica que próximamente usted se va a convertir en el centro de atención de todos aquellos que le conocen debido a la magnífica situación que le tocará vivir.

Aproveche la buena etapa que está apunto de empezar y láncese a la aventura. Deje de soñar su vida, porque ahora es el momento de vivir sus sueños. Invierta, viaje, conozca gente, escápese de la rutina, haga todo aquello que siempre ha deseado.

Anverso invertido:

El orgullo está dejando demasiada huella en usted y es una característica bastante mala. Trate de ser un poco más modesto y más generoso con los demás, ya no sólo en lo material, sino en lo espiritual. Ofrezca su ayuda y atención a aquellos que siempre están a su lado y que, aunque no se ha dado cuenta, hace tiempo que lo están reclamando.

Arregle los problemas con su pareja o cónyuge, que han surgido a raíz del distanciamiento generado por su egoísmo.

Eohl es, en muchas ocasiones, la runa de la defensa. Su aparición en esta posición nos habla de una actitud fraternal para proteger a los nuestros.

Reverso derecho:

Tirada así, se considera uno de los peores símbolos rúnicos del alfabeto. Representa la mezquindad más dura, contra su propia gente, llegando a casos extremos.

Recuerde que rectificar es cosa de sabios, y más vale tarde que nunca... así que aprenda a pedir perdón a tiempo o se arrepentirá profundamente en un futuro.

Reverso invertido:

Divertirse, salir, pasarlo bien es muy positivo e importante pero no lo es todo en esta vida. Últimamente ha dejado que el placer tome demasiado extremadamente las riendas de su vida. Parece que ha dejado de vigilar ciertos aspectos de su vida y eso puede girarse en su contra en cualquier momento.

Su espíritu está ahora débil y sus amigos podrían aprovecharlo para atacarle en cualquier momento. El daño podría ser irreparable.

Deje que vuelva a resurgir su fuerza de voluntad y con trabajo y esfuerzo constante retome las riendas de su vida.

Syghel

Syghel es otra runa de tipo "homos", recordemos que eso significa que sólo tiene dos interpretaciones.

Su símbolo proviene de los antiguos malamufes, una tribu muy poderosa que se extendió por gran parte de Germania.

Estaba fuertemente vinculada con los dioses del cielo y su justicia. Representa un símbolo de la luz, que huye de las tinieblas y que rechaza el caos.

Anverso:

Llevamos muchos años haciendo el bien, pensando en todos, y esto merece un premio, que llegará en breve.

El fruto de nuestros esfuerzos verá por fin la luz, y todos nuestros bienes se multiplicarán. Nos espera una notable mejora de vida. Así que relájese, la vida le va a sonreír a partir de ahora.

Intente que la fortuna no se le suma a la cabeza y nunca olvide sus orígenes humildes. Administre bien lo que la fortuna le ofrece, reparta entre aquellos que siempre le han ayudado, y la recompensa será infinita.

Reverso:

Se acabaron los excesos. Toca volver a una vida humilde y modesta, y hacerlo rápido. Llevamos demasiados años más pendientes del ocio y del placer que de las responsabilidades, y estas cosas, tarde o temprano, pasan factura.

Nuestra economía temblará en breve, y vendrá una larga época de vacas flacas. Ahorre y no haga gastos innecesarios.

Aproveche esta época de sequía para estar más pendiente de su familia, que empieza a estar cansada de su indeferencia hacia ellos. Dedíquele más tiempo a los suyos.

En esta época de necesidad, verá como ha perdido algunos de sus mejores amigos por no haberlos cuidado bien cuando debía.

Syghel nos habla de victoria en todos los enfrentamientos que tengamos. La constancia y la paciencia serán nuestras aliadas en el día a día durante los próximos meses.

Tyr

Anverso derecho:

Tyr es la flecha. Nos señala, nos marca, y eso significa que debemos estar alerta, ya que somos el blanco de un disparo.

Un enemigo quiere entorpecer nuestro camino y no parará hasta conseguirlo. Deberemos luchar muy duro para superarlo, de lo contrario él saldrá vencedor.

Necesitaremos valor, coraje y saber dar la cara tanto por nosotros como por aquellos que nos importan.

Los antiguos celtas decían que aquellos que creen tener la razón tienen que defenderla hasta la muerte. Siga su consejo. Luche hasta el final para ganar o para ser derrotado para siempre.

Anverso invertido:

Llegó el momento de la justicia, de poner las cosas en orden, de hacer valer la ley. Esta runa nos indica que es hora de hacer valer la justicia en nuestras vidas, de hacer pagar a los malos sus injusticias que desordenan y alteran nuestra vida.

Recuerde que no se trata de quitar lo que pertenece a los demás, pero sí que hay que hacer espetar lo que es de cada uno.

Reverso derecho:

Vigile las tentaciones, que son malas compañeras. Una persona del sexo opuesto nos puede traer graves problemas si no vigilamos bien.

A veces el demonio aparece disfrazado de ángel. Esta runa nos advierte que a veces la gente que parece muy inocente, en el fondo, viene a hacernos daño. Manténgase a alerta de posibles compañías extrañas o desconocidas.

Recuerde que Tyr, aunque del reverso, sigue siendo una flecha, y puede estar señalándole a usted.

Reverso invertido:

Luchará en una nueva etapa por el idealismo, la moral y sus valores, porque ahora es usted la flecha que indica, por eso está hacia abajo, porque el camino que marca aun está por desvelar.

Ponga el valor y el coraje a disposición de aquellos que lo necesiten.

Esta runa en esta posición nos indica la necesidad de sentir amor hacia el prójimo. Siga el consejo.

Boerk

Anverso derecho:

Riqueza y abundancia en todos los factores de nuestra vida. Si no tenemos pareja actualmente, Boerk nos anuncia la llegada de alguien muy importante en nuestras vidas. No tengamos prisa en conocer a esta persona, hagamos las cosas bien y paso a paso.

Esta runa también indica un cambio radical en nuestro ámbito laboral. Quizás sea hora de cambiar de trabajo o, en el caso que siempre hayamos perseguido este sueño, de montar nuestro propio negocio.

La luna estará de su parte. No tenga miedo a enfrentarse a los problemas que surjan, con valor y coraje los superará seguro.

Anverso invertido:

Boerk nos anuncia que nuestra vida está a punto de dar un cambio radical en muchos sentidos. Podemos dar por zanjada esta última etapa y entrar en una nueva. Debemos olvidar el pasado, y tener muy presente que de recuerdos ni se vive ni se goza. En pocas palabras: "borrón y cuenta nueva".

Esta nueva etapa estará caracterizada por un golpe de suerte en los negocios. Si tiene usted su propio negocio, no dude en invertir, en comprar y experimentar con nuevos terrenos. Si es usted asalariado, quizás sea el momento de invertir algunos de sus ahorros.

Reverso derecho:

En las próximas semanas deberá tomar una decisión importante que, muy probablemente, cambie su vida de forma sustancial para siempre. Vaya con mucho cuidado con esta decisión; si acierta con ella, disfrutará mucho de sus consecuencias pero si, por el contrario, se equivoca, sufrirá los resultados. No intente decidir nada sólo y pregunte, pida consejos. Recuerde que preguntar es de sabios. Busque el apoyo de su familia y sus amigos más próximos, ellos le ayudarán a encontrar el camino idóneo.

Reverso invertido:

Es momento de dejar de vivir de sueños e ilusiones. Sea realista, de ilusiones no se puede vivir toda la vida.

Intente ser más práctico y funcional. Deje sus fantasías a un lado y no se aleje demasiado de lo real, ya que está llegando a un punto que puede hacer el ridículo.

Es hora de cumplir viejas promesas incumplidas, ya que alguien se está cansando de esperar a que lo haga.

Vigile las amistades, que últimamente tiene olvidadas, y recuerde todo lo que ellas han hecho por usted. Quizás sea el momento de devolver algunos favores.

Ehwis

Anverso derecho:

Ehwis es la runa de la fuerza interna, el valor, la valentía y el coraje. Su forma parecida a una "M" mayúscula proviene de la inicial del Dios al que representa, Monter, un dios valiente, viajero, leal y de confianza.

Esta runa nos recomienda tener un valor claro, el de la libertad, y luchar y ser fuertes para conseguirlo. Cuando la verdad esté a nuestro favor, debemos intentar hacer justicia.

Vigile con las inversiones, sobre todo si hay involucradas terceras personas, pueden llevarle a la más absoluta ruina, de la que luego será muy difícil salir.

Anverso invertido:

Un amigo que, años atrás, pasó a ser enemigo, vuelve del pasado para hacernos daño. Tenga cuidado, pues lo primero que hará es sembrar el caos y la desconfianza entre sus allegados para hacer que la gente desconfíe de usted.

Se avecina una depresión, agravada, en parte, por la mala jugada que le harán unos supuestos amigos. No se venga abajo y no vaya a pensar que los amigos no valen para nada. Busque el apoyo en su familia más que nunca y recupere la fe en la gente.

Reverso derecho:
Importantes problemas en el ámbito laboral van a provocar que pase usted una mala época. Recuerde que no siempre la gente que parece buena lo es, y que pocas personas hacen favores desinteresadamente.

Aunque el futuro próximo sea bastante negro, después de esta mala racha recibiremos esa recompensa que tanto nos merecemos y que hace mucho tiempo que esperamos. Recuerde que después de la tormenta, siempre llega la calma.

Reverso invertido:
En esta posición, este símbolo rúnico nos augura un viaje soñado a corto plazo. Por fin tendremos esas soñadas vacaciones que tanto esperábamos.

Hagamos uso de la humildad en todos los ámbitos de nuestra vida. Si pedimos consejo a las personas adecuadas, lograremos tirar hacia delante un negocio que nos puede dar a ganar mucho dinero.

No pierda el tiempo en hacer cosas que no le aporten nada (a usted o a sus más allegados). El tiempo es demasiado caro y tenemos demasiado poco para malgastarlo en según qué tonterías.

Manu

Anverso derecho:

Su vida está algo desequilibrada últimamente, Manu le indica que debe buscar el equilibrio entre todos los elementos y factores importantes de su vida.

Dos personas muy cercanas a usted reclaman su atención desde hace tiempo; si no les atiende pronto perderá su cariño y su afecto.

Hágase respetar en el trabajo. Las jerarquías se crearon para algo pero el respeto mutuo es un valor universal. No se deje humillar por nadie.

Alguien del pasado volverá a su vida para levantar un asunto oscuro que ya tenía casi olvidado. Contrólelo o le traerá graves problemas.

Anverso invertido:

La avaricia es una mala consejera, y usted está muy ligado a ella desde hace algún tiempo. Despréndase de esta característica o perderá a sus seres más queridos.

Esta runa, en esta posición, nos indica que últimamente no estamos siguiendo una línia recta en nuestra vida.

Debemos encontrar el camino óptimo, el equilibrio entre felicidad y responsabilidad, y asumir riesgos y consecuencias.

Si hay problemas en casa, pruebe a amoldarse a los demás. Hacer cambiar a alguien no es tan fácil como cree y, además, a la gente se la quiere tal y como es, y eso implica no querer cambiarla (sobre todo, en referencia los hijos, en caso de que los haya).

Reverso derecho:

Esta runa boca abajo nos da la oportunidad de huir de ciertos problemas y mejorar nuestra vida desde un lado totalmente diferente.

Es el momento de hacer borrón y cuenta nueva y cuídese de no repetir los mismos errores que en el pasado. Se pueden dar dos oportunidades a alguien, pero nunca tres.

Reverso invertido:

Manu nos advierte que la inflexibilidad es una mala consejera. Si tiene hijos en edad adolescente, tenga paciencia con ellos y recuerde que todos hemos sido jóvenes.

Márquese unos objetivos claros y alcanzables en la vida y no pare de luchar hasta conseguirlo. El trabajo duro y la constancia tienen su recompensa.

Lagu

Anverso derecho:

Intente no ser tan materialista, ya que las consecuencias pueden ser graves. Aprecie más los pequeños detalles de la vida y no se fije tanto en lo que tienen los demás.

Realizará próximamente un cambio de actitud que le será muy positivo. Su familia y sus amigos contribuirán en dicho cambio y se beneficiarán de él, gracias a su mejora de carácter.

Anverso invertido:

Algo que hizo en el pasado no le permite descansar porque no tiene la consciencia limpia. Pida perdón por los errores del pasado y, si es posible, intente arreglarlos, sino nunca descansará en paz.

Reverso derecho:

En esta posición, Lagu es una runa negativa. Le indica que su suerte cambiará a peor, y que está a punto de iniciarse una mala etapa para usted.

No haga inversiones ni gastos innecesarios, ya que su economía se resentirá en breve. Recuerde que "más vale pájaro en mano que ciento volando", así que no arriesgue cosas que luego pueden ser irrecuperables.

Reverso invertido:

Viaje al pasado para arreglar problemas del presente (y que no se conviertan también en problemas del futuro).

Pregunte a los mayores y más sabios qué usted cómo arreglar esos problemas que tanto le preocupan. No le dé vergüenza preguntar y pedir consejo. Todos lo hemos hecho.

Ing

Anverso derecho:

Haga caso de los consejos que reciba de aquellos que son mayores y, por lo general, más sabios que usted.

Conocerá una amistad nueva que le será grata y duradera, le aportará buenos y sabios consejos. Al mismo tiempo, trate de cuidar bien a sus antiguos amigos, pues algunos de ellos necesitan ayuda.

Entra usted en una época favorable y de fortuna. Aprovéchela para experimentar con todo aquello que siempre ha deseado

Anverso invertido:

Ahora son los demás quienes consideran que nuestros consejos e ideas son sabias. Los años y la experiencia son la mejor escuela de la vida. Alguien muy cercano a usted necesita desesperadamente de su atención y su ayuda para tomar una decisión que puede cambiarle la vida, atiéndale o tendrá remordimientos de por vida.

Reverso derecho:

Las ganas de fortuna y riqueza le están dominando. Se está convirtiendo usted en alguien demasiado avaricioso, así que es hora de vigilar esta tendencia, que puede llevarle por muy mal camino.

Aunque se le ve dispuesto a sacrificarse al máximo por alcanzar sus sueños, tenga en cuento que los sueños pueden ser buenos o malos, y que no siempre es buen momento para aventurarse.

Reverso invertido:

En las próximas semanas deberá superar una prueba que cambiará su vida. En un principio se sentirá confuso y obstinado, y no sabrá que hacer. No use los impulsos a la hora de actuar; piense bien las cosas y, si es necesario, consúltelas con los demás. Espere siempre un mínimo de 24 horas antes de tomar una decisión, sobre todo si es importante y puede cambiarle la vida de forma sustancial.

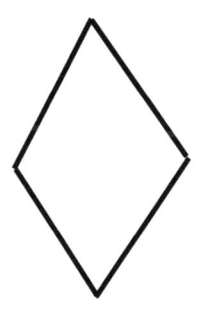

Odel

Anverso derecho:

La luna indica que sus vínculos familiares están a punto de estrecharse y fortalecerse. Normalmente está runa indica la cercanía de una boda en la familia cercana o, en algunos casos, de la llegada de un nuevo miembro.

La familia es un don natural, una responsabilidad pero, por encima de todo, es felicidad. A veces buscamos la libertad pensando que la familia nos ata, pero siempre acabamos volviendo al hogar reconociendo que no hay mayor libertad que la de reconocer los vínculos que nos unen a nuestros seres queridos.

Anverso invertido:

Llevamos mucho tiempo, demasiado, aislándonos del mundo. Caminar solo por la vida es una etapa que, en algunos momentos, es necesario, pero si se alarga demasiado puede llegar a ser perjudicial.

Es hora de salir, de abandonar nuestra cáscara, y volver a andar por las maravillosas sendas del mundo exterior, ver y vivir con y entre la sociedad.

En nuestra etapa solitaria nos hemos alejado demasiado de gente que nos importaba mucho. Es el momento de recuperarles, ayudarles y brindarles nuevamente nuestra amistad.

Recuerde que las amistades son como las plantas, si no se cuidan se marchitan.

Reverso derecho:

El egocentrismo es malo, asúmalo de una vez. En algunos casos es fruto de una falta de autoestima muy pronunciada.

Personas que nos querían mucho pueden estar perdiendo su interés por nosotros debido a nuestra actitud, que puede llegar a definirse, en ocasiones, de repelente.

Sea más humilde y bondadoso, y trate de ayudar a los demás, recordando que nadie hace solo todo el camino de la vida. Piense que la mayoría de gente logra el éxito con esfuerzo y con la ayuda de su gente. Nada viene hecho desde un principio.

Reverso invertido:

Perfectas perspectivas en el ámbito económico. Momento óptimo para realizar inversiones o, en algunos casos, si es nuestro sueño, montar nuestro propio negocio.

Los dineros ahorrados pueden generar muchas alegrías si reinvierten de forma correcta. Consulte con familia y amigos qué hacer y cómo.

Doeregf

Nos volvemos a encontrar, una vez más, frente a una runa de tipo "homo", es decir, con dos únicas interpretaciones, la del anverso y la del reverso.

Antiguamente se conocía este símbolo como "Omega", que significa "donde todo termina". Los romanos la llevaban gravada en sus escudos, ya que era un elemento de tierra y les protegía en las batallas.

Anverso:

Como decíamos, Omega significa "donde todo termina" y, por ello, esta runa significa que, próximamente, nuestros problemas van a concluir. Actuando con razón y pidiendo consejo a las personas adecuadas conseguiremos, conseguiremos el mejor de los desenlaces.

Su espíritu está en plena gracia, es un buen momento para llevar a cabo aventuras económicas.

Doeregf trae a nuestro hogar la grata sensación del bienestar, la tranquilidad y la buena vida. El trabajo duro y la paciencia serán nuestros mejores aliados para alcanzar la plenitud en nuestra vida.

Reverso:

Esta runa nos anuncia grandes cambios en nuestra vida laboral. Sea valiente y afronte los problemas con valor y coraje, con el orgullo necesario (sin prepotencia). Sus valores morales y sus principios siempre le marcarán el camino a seguir, no lo pierda nunca de vista.

Algunos pequeños problemas de salud pueden aparecerle en breve. No serán graves si se cuida. No cometa excesos y acuda al médico para revisiones cotidianas. Piense que la edad nos pasa factura a todos.

Recuerde que las amistades son como las plantas, si no se cuidan se debilitan y acaban muriéndose. Puede arrepentirse de ello tras algún tiempo, cuando necesite a sus amigos y ya no estén allí. Haga algo antes de que sea demasiado tarde.

La falsedad y la hipocresía no nos conducen nunca por el buen camino. Diga lo que piense, pero piense bien lo que dice.

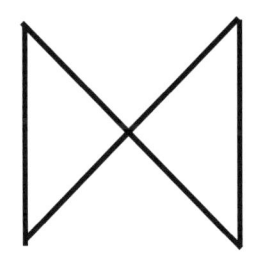

Lisel

Lisel, la runa blanca, la que termina. El fin de este oráculo. Esta runa es conocida muy a menudo como el "comodín" y su aspecto es totalmente en blanco, sin símbolo alguno.

Su significado se rige por los cuartos lunares y su nombre proviene de la combinación de dos palabras: "Lilith", es decir, la luna negra, y "Selehne", es decir, la luna blanca, la positiva.

Cuarto creciente:

Es hora de invertir, de gastar (sin abusar), de darnos algún capricho porque nos encontramos en cuarto creciente, el periodo de la prosperidad. No tema a emprender pequeñas aventuras económicas.

Cuarto menguante:

Problemas económicos y/o laborales. En los próximos días estamos expuestos a perder una gran cantidad de dinero. Vigile con las inversiones, gastos innecesarios y compras arriesgadas.

Luna llena:

La vida nos sonríe igual que sonríe la luna cuando está llena. Selehne está a nuestro favor, y todos los factores de la vida también. Nos espera un buen periodo en cuanto a salud, dinero, trabajo y amor.

Aproveche el mejor de todos los símbolos para vivir la vida con calma y gozar de todo lo que tiene, cuando cambien los tiempos lo echará de menos.

Luna nueva:

Vacío. Vacío y desgracia. Esta runa puede ser extremadamente peligrosa, por ello se recomienda ser muy prudente a la hora de interpretarla. Su significado, sin embargo, siempre es negativo. A menudo nos habla de la muerte de alguien cercano.

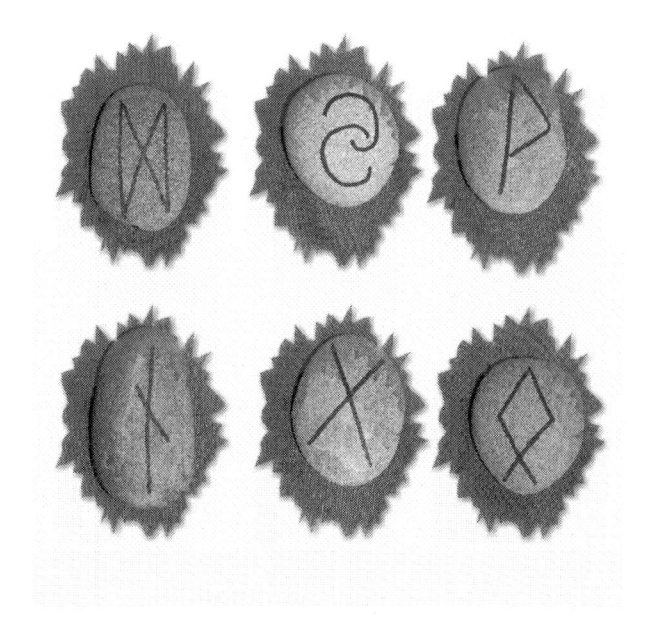

EPÍLOGO

Bien, querido amigo o amiga, hemos llegado al final de este pequeño curso práctico de adivinación rúnica.

Ahora ya conoce usted el significado de cada uno de los milenarios símbolos rúnicos, y tiene en sus manos una preciosa, y sencilla a la vez, herramienta de trabajo para poder obtener una respuesta a aquellos temas que le preocupan a usted, a sus familiares y amigos, o en caso de dedicarse profesionalmente a la videncia, a sus clientes.

Siga con atención las instrucciones que, al inicio de este libro, vienen para saber más sobre cómo hacer la tirada correctamente.

Llegados a este punto, ya no me queda más que desearle de todo corazón que, en las páginas de este libro, escritas con sincero amor y deseo de ayudarle, encuentre respuesta a sus necesidades, y que le permitan ser un poco más feliz, o por lo menos poder afrontar con la mejor fortuna los problemas que día a día (y cada día más) rodean al ser humano, y que con tenacidad y perseverancia debemos y podemos superar.

Antes de finalizar, me gustaría aconsejarle que, cuando escoja el juego de runas con las que va a trabajar, lo haga de la mejor manera, ya que serán sus acompañantes durante mucho tiempo y todo acompañante duradero tiene que ser el mejor posible y que estemos a gusto con él. Por ello, le recomiendo que, a la hora de comprar nuestro futuro juego de adivinación, las runas sean siempre de piedra, marmolina u otro mineral, y no escoja nunca juegos de madera, plástico o barro, que, pese a ser más económicos, con el tiempo pierden sus símbolos (se borran) y, además, su poder adivinatorio.

Que la Suerte y la Fortuna le acompañe toda la vida.

Mery Meyer

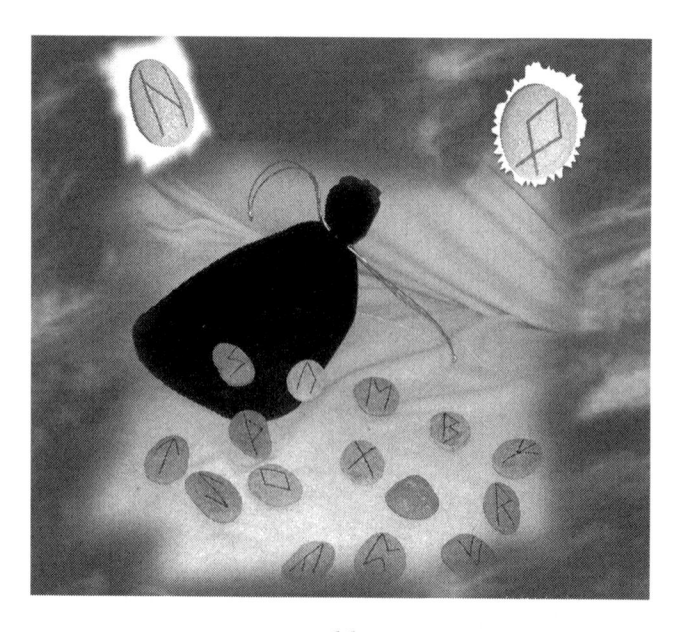

CONTACTO

Para cualquier duda, pregunta o consulta referente a este libro, puede contactar con la autora a través del correo electrónico:

merymeyer@gmail.com

@

www.merymeyer.wordpress.com

Made in the USA
Columbia, SC
26 December 2019